AF450780

LA BATRACHOMYOMACHIE;

OV

LA GVERRE DES

Grenoüilles & des Rats.

Traduite du Grec d'HOMERE,

En Vers Burlesques.

In tenui labor. At.

A PARIS;

Chez THIERRY LE CHASSEVR,
Au Palais, à l'entrée de la Salle
Dauphine, au Chasseur.

M. DC. LVIII.

Avec Permission.

A
MONSIEVR
DE LAMBERT
DE GRIMANCOVRT,
Gentil-homme ordinaire
de la Chambre du Roy.

ONSIEVR,

Cette petite Piéce qu'Homere
ne fit que pour se joüer, & que je
n'ay traduite que par pur diver-
tissement ; ne laisse pas, quelque
petite qu'elle paroisse, d'avoir

A ij

d'admirables beautez ; & des beautez d'vn auſſi grand Autheur qu'Homere. Il y paroit par tout de cette teinture ſpiritüelle, & de cét air libre & galant , que les grands Eſprits répandent ſur tout ce qu'ils font, & meſme ſur ce qu'il ſemble qu'ils négligent le plus. Il eſt en éfet de leurs ouvrages com-me de ceux des Peintres ſçavans, dont la maniere montre par-tout l'habilité , juſqu'aux plus légéres ébauches , juſqu'aux ſimples gri-fonnemens, & aux crayons tous nus. Ie dis bien plus, dans la meſ-me comparaizon qui fait trés-bien à mon ſujet ; Comme l'on n'eſtime pas les Tableaux que les chozes qu'ils reprézentent, puiſ-qu'vn Berger au coin d'vn Payza-ge du Pouſſin vaudra mieux, tou-jours qu'vn Salomon en toute ſa gloire de la main d'vn Peintre or-dinaire : Ainſi la Peinture animée

des Poëtes ne prend point son prix
de son sujet ; Elle le prend de la
forme que son Autheur luy donne, qui comme le nôtre, sera plus
merveilleux cent fois en la Guerre des Rats & des Grenoüilles, que
tels qui entonneront hautement
les conqueſtes des Ceſars & les
geſtes des Alexandres. La raizon
de cecy , MONSIEVR , comme
vous le ſçauez fort bien, c'eſt que
la Fable ou l'Invention eſt la prin-
cipale partie du Poëte : C'eſt d'elle
qu'il tire ſon nom, & il ne mérite
d'être eſtimé qu'autant qu'il feint
& qu'il invente ingénieuzement
ſon ſujet n'eſt pas de luy proprement ; Pourveu que dans le choix
qu'il en doit faire ſelon les regles,
il prenne vne matiére capable d'v-
ne belle forme, on ne doit plus
avoir égard à cette matiére, ſi elle
eſt grande ou ravalée , pauvre ou
riche de ſoy ; ou n'examine plus

que la maniére de laquelle le Poëte s'y est pris, & le tour qu'il luy a
donné. Et, certes, n'est-il pas bien
juste d'estimer dauantage le Poëte
que son sujet aura moins secondé,
s'il a sceu l'enrichir de son propre
fens ; que celuy qui d'abord aura
rencontré vn argument pompeux
& riche de luy-mesme ; & qui pour
ainsi dire aura trouué par tout des
fleurs souz ses pas & des Trézors
sous sa main ? Tout cela, MON-
SIEVR , paroît admirablement
bien en ce bout de Poëme, où sur
le suiet du monde le plus abiet, le
grand Homere fait voir comme
en petit toutes les beautez du Poëme Epique. Car tout en se iouänt,
& tout en badinant, vous verrez
qu'il enseigne aux Poëtes Héroi-
ques la vraye métode de célébrer
noblement les victoires des Con-
querans, comme il chante les plai-
zantes prouësses de son Pelée ou

de son Pſicarpax ; c'eſt-à-dire d'v-
ne boüeuſe de Grenoüille, ou d'vn
gripe-miette de Rat.

Vous n'étes pas ſans l'avoir remarqué, lizant les autres œuvres
de ce Prince des Poëtes : Vous,
MONSIEVR, qui poſſédez admirablement les Poëtes & les belles Lettres, en vn âge encore peu
avancé, vous n'étes pas, dis-ie, ſans
avoir remarqué cet Eſprit délié
qu'Homere fait paroître icy, par la
delicateſſe de ſes railleries. Et ie
doute ſi vous aurez moins admiré
ſon enioüement en cette plaizan-
te guerre, que l'élévation de ſon
grand génie en la conduite de l'I-
liade & de l'Odyſſée. Tellement
que de ce côté-là i'ay tout ſuiet
d'étre en repos, & de ne craindre
pas de vous faire vn Prézent que
tout petit qu'il eſt on trouue in-
digne de Vous : Mais il n'eſt pas
de meſme, MONSIEVR, de la

Traduction que i'en ay faite. C'eſt
comme vne nouvelle forme que
i'ay ozé donner à vn Poëme par-
faitement traité par le plus grand
Poëte qui fut iamais ; Et partant
n'ay-ie pas bezoin d'vne bien forte Apologie ? Sur tout venant
moy-meſme de paſſer condemna-
tion contre moy, par tout ce que
ie viens de dire , pour iuſtifier le
choix qu'à fait Homere de l'argument de cette guerre, & de la maniere qu'il l'a traité. Ie pourrois
bien, peut-étre, m'excuzer ſur la
liberté du Burleſque , qui s'eſt
comme mis en poſſeſſion de badi-
ner par-tout licentieuzement , &
de donner vn tour ridicule aux
chozes les plus ſérieuzes , iuſqu'à
traveſtir les Autheurs les plus gra-
ves en Iodelets & en Bâteleurs de
Théatre. Mais i'avouë, MON-
SIEVR, qu'elle n'eſt point pour
moy cette excuze. I'euſſe creu de

paſ-

ser les iolies chozes qu'Homere
raconte en ce suiet, qui est assez en-
ioué de soy-mesme, si ie ne me fus-
se contenté de les rapporter de
l'air le plus naturel que ie pou-
uois : pour en laisser dans l'esprit
des Lecteurs les images toutes pu-
res, & ne les corrompre point par
certains contre-temps, & certai-
nes expressions grotesques, qui seroient bien, peut-étre, vn peu plus
au goust du vulgaire, mais que i'ay
pensé qui rebuteroientplustost que
de chatouiller délicatement les
esprits bien tournez, à qui seulement les honnestes gens doiuent
tacher de plaire. Apres tout ie ne
seray point marry de n'atendre ma
défence que de vous, MON-
SIEVR, quand on voudroit blâ-
mer mon entreprize. Ie suis certain que la pensée que i'ay de vous
diuertir, & la passion qui me fait
tout tenter pour vous plaire, ne se-

ront dezaprouvées que de ceux qui ne sçavent pas quels sont les atta-chemens & les devoirs qui m'y por-tent. Apres, & c'est sur quoy ie me fonde le plus, ie ne dois pas crain-dre qu'vn Ouvrage qui porte en teste vôtre Nom, ne soit receu fa-vorablement de tous ceux qui sça-vent considerer les grands Noms que la Noblesse & les Vertus ont consacrez. Si vôtre modestie ne m'arrestoit icy, vous sçavez bien, MONSIEVR, que ie pourrois iustifier par des preuves bien au-tentiques, combien celuy des LAMBERT DE MIONS, & des CLERMONTS MONTOISON d'où vous descendez, est illustre de toû-tes ces deux sortes ; sans parler de vôtre sçavant Bizayeul maternel le fameux Oronce Finé. Mais vous en estes vn vivant & vn tres-suffi-zant tesmoignage vous-mesme ; & vos belles qualitez dignes devôtre

naiſſance, font vn Eloge plus ache-
vé de vos Nobles Ayeuls, que tout
ce qu'on en pourroit eſcrire. I'oze
eſperer auſſi de vôtre generozité,
qui vous eſt comme hereditaire par
là, que vous l'eſtendrez ſur cette
petite Verſion que ie vous offre:
afin que paroiſſant ſous vôtre pro-
tection & ſous les auſpices de vôtre
Nom, elle devienne en meſme
temps vn teſmoignage public de
ma reconnoiſſance pour toutes vos
bontez, & vous confirme la paſſion
avec laquelle ie veux eſtre toute
ma vie,

MONSIEVR,

Vôtre tres-humble
& tres-obeïſſant
Serviteur, * *

Permission d'Imprimer.

IL est permis à T. le Chasseur Marchand Libraire à Paris, d'Imprimer ou faire Imprimer, La Batracho Myomachie, ou la Guerre des Grenoüilles & des Rats; Et défences sont faites à tous autres sur les peines y contenuës. Fait à Paris le 21. de Mars 1658. Signé DAVBRAY.

LA

LA BATRACHOMYOMACHIE;

OV

La Guerre des Grenoüilles & des Rats.

Traduite du Grec d'Homere.

En Vers burlesques.

POVR debuter de bonne grace,
Inuoquons d'abord du Parnasse
Les chastes & doctes Beautez.
Fauorables Diuinitez,
Muses, venez dans ma poitrine
Allumer cette ardeur diuine,
Sans quoy, mes Vers seroient trop bas,
Pour bien chanter les grands combats,

14

De la plus memorable Guerre
Qui se fit jamais sur la Terre :
Lors qu'à l'exemple des Titans,
Les Rats, ces braues combatans,
Disputerent long-temps la gloire
Aux Grenoüilles, de la Victoire;
Par mille, & mille exploits diuers
Que je vay descrire en ces Vers.
Cher Grimancourt, pour qui ma Rime
Entreprend ce dessein sublime,
Daigne accepter benignement
Ces Vers, que je fais seulement
Pour vn peu t'aprester à rire.
Si j'estois capable d'escrire
D'vn style plus noble & plus haut,
L'on m'entendroit, mais comme il faut
Prôner ton humeur genereuse,
Ta Noblesse ancienne & fameuse,
Ton Esprit, tes autres Talens
Tous rares, & tous excellens.
Mais vn jour de plus doctes plumes
Là-dessus feront maints volumes :
Ainsi, je dois me contenter
Pour maintenant, de t'en conter,

Et de te donner au Cœur joye,
Par ces contes à la mere Oye
Que jadis Homere inuenta;
Voicy comment il les chanta.
VN iour vn Rat tout hors d'haleine,
  S'estant auec bien de la peine,
Sauué des pates d'vn Matou
Qui l'auoit chassé de son trou:
Vint se r'afraischir sur la riue
D'vn beau Lac, de qui l'Onde viue,
Arrosant son petit museau,
Le rendit frais, le rendit beau :
Mais si beau, que d'vne Citroüille
Sauta d'abord vne Grenoüille,
Par pure curiosité
De voir à loisir sa beauté.
Et s'approchant, est-ce Narcisse,
Dit-elle, qui vient au suplice,
Encor vn coup au bord de l'eau?
Certes, en vous voyant si beau
I'ay crû, Monsieur, de ne pas faire
Vn iugement fort temeraire,
Taisant cette comparaison :
Vous estes de grande maison,

Ou tout voftre air feroit bien traiftre,
Sans doute vous n'auez pû naiftre
Que de Princes de grand renom :
De grace, dites-moy leur nom ;
Mais n'allez point par modeftie
M'en retrancher vne partie,
I'ay paffion de tout fçauoir,
Et pour vous faire conceuoir
A quel point j'aime la franchife ;
Sçachez que fans nulle remife,
Vous ferez le Maiftre chez moy,
Si vous allez de bonne-foy,
Ie fuis (oüy-da) ie fuis Grand Prince ;
Ce beau Marais eft ma Prouince,
Qui fournit tout abondamment :
I'y regne fouuerainement.
Le Roy Phyfignate on m'apelle,
Le Grand Pelée, auec la belle
Hydromedufe, efpris d'amour,
Vers l'Eridan m'ont mis au jour.
Certes, i'aurois mauuaife grace
De vous vanter icy ma race :
Mais ie n'entens rien en beauté,
Où vous eftes de qualité,

Voire de qualité qui donne
Baluſtre, dais, ſceptre & couronne.
Ie voy d'ailleurs en vos regars
Toute la brauoure d'vn Mars :
Tellement que voſtre preſtance
Marquant vne haute naiſſance,
I'ay voulu la mienne eſtaler,
Pour vous obliger à parler
De la voſtre, illuſtre & royale,
Ou bien encore Imperiale.

    A tant Phyſignate ſe teut.
Lors le Rat Pſicarpax ne ſceut
S'il deuoir parler, ou ſe taire,
Ou rire, ou ſe mettre en colere.
De da; dit-il, auec raiſon
Vous loüez, ma noble Maiſon !
Eſt-il recoin dans tout le Monde,
Soit ſur la terre, ſoit ſur l'onde,
Parmy les hommes, ou les Dieux,
Où de mes illuſtres ayeux
La gloire n'ait eſté ſemée
Par la voix de la Renommée ?

    L'Amy, Pſicarpax eſt mon nom :
Et c'eſt tout dire ; mon renom

Qui par tout a bien sceu s'estendre,
Le reste aura peu vous aprendre.
Par exemple, comme un grand Roy
Nommé Troxarte, apres sa foy
A Lichomyle fille aisnée
Du Roy Pternotrocte, donnée ;
Me fit naistre en un beau Palais,
Où tout en naissant ie trouuais
Richesse, splendeur, opulence,
Luxe, gloire & magnificence.
Là i'ûs d'abord pleins magazins
Et de figues & de raizins;
Et pour commune nourriture
La composte, la confiture,
Et le cotignac à foison.
Or dans vostre froide maison
Qu'avez-vous tant, dont l'importance
Puisse entre nous faire alliance ?
Rien n'est commun entre nous deux:
Vous n'aimez que marais bourbeux,
Moy, que marmelades friandes,
Et cent autres douces viandes,
Que la terre & non point vostre eau,
Ofre à mon delicat museau:

Biscuits, macarons, pains-d'épices,
Gasteaux, pastez, tourtes, saucisses,
Oeufs, lait, beurre, fromage frais,
Et tous les plus excelents mets,
Qu'estalent dans les bonnes villes
Les Paticiers les plus habiles.
Voila dequoy nous nous traitons.

  Au reste, quand nous combatons,
Vaillant au choc ainsi qu'à table,
Sur tous ie me rens remarquable,
Ie ne suis point de ces caignars
  Qui tremblent aux premiers hazars,
Tousiours mes gens m'ont à leur teste,
Ie porte par tout la tempeste ;
Et tous grands que sont les humains
Demandez-leur si ie les crains?
Paix ny treve ie ne leur donne;
Quand mesme la retraite sonne,
Et qu'à la faueur de la nuit
Tout recrus & sans faire bruit,
Ils vont se mettre en asseurance,
Dans leurs lits de haute deffence:
Là-mesme ie leur donne assaut,
Et vous les meine comme il faut.

B iiii

Car tandis que chacun sommeille
Ie vous leur prens tantost l'oreille,
Tantost le bout des orteils, mais
Ils ne m'y surprennent iamais.

   Nonobstant par toute la terre
Deux grands monstres me font la guerre
C'est le Milan & c'est le Chat,
Outre vn outil fait ou sabat
Par quelque Diablesse Sorciere,
Outil qu'on nomme sourissiere:
Mais sur tout ie crains le Matou,
Qui ne laisse recoin ny trou,
Où chaque moment pour ma perte
Il n'aille se tenir à l'erte.

   Au reste, gardez bien pour vous
Tous vos reforts, raues & choux,
Et vos poireaux & vos citroüilles,
Ce sont douceurs pour vous Grenoüilles.
Mais c'est tres-fade venaison
Pour moy Rat de bonne maison ;
Ie vous en rens tres-humbles graces.

   Physignate, par cent grimasses,
Montra bien que ce compliment,
Ne l'obligeoit pas grandement.

Là

Là-là, reprit-il, donc l'armoire
Renferme toute voſtre gloire?
Mais, beau Monſieur, ſçachez auſſi
Que nous auons bien, Dieu mercy,
Autant pour le moins dequoy frire
Que ce que vous venez de dire.
  Tirons-nous pas abondamment
De l'vn & de l'autre élement
Dequoy tres-bien couurir nos tables?
  Vous direz que ce ſont des fables,
Sur tout ſi ie vais ajouter
Que ce fut le grand Iupiter,
  Qui, comme Monarque du Monde,
Nous ſouſmit & la terre & l'onde
Pour nous ſeruir eſgalement
L'vne & l'autre de logement.
Mais à quoy bon tant de paroles?
Voulez-vous que ſur mes eſpaules
Ie vous porte deſſus les lieux?
Vous y pourrez voir de vos yeux
Si ie vous conte des ſornettes.
Sus, ſus, ſans tant de façonnettes,
Venez, ſautez, tenez-vous bien,
Nous y ſerons en moins de rien.

Acheuant cet mots, Physignate
Receut sur sa double omoplate,
Le Rat qui se laissa tenter,
A se faire vn petit porter.
Le voila donc d'vn saut agile,
Sur le dos du nageur habile,
Se tenant bien-fort à son cou.
Mais il fit-là le trait d'vn fou,
Car au desmarer du riuage,
Sans penser au prochain naufrage,
Le voila de tous les costez
Qui s'amuse apres cent beautez,
Qui font le long de cette riue
Vne charmante perspectiue:
Tout rauy qu'il est de nager
Aux frais de l'autre, & sans danger.
Pourtant cet autre par vengeance,
Luy fit tost faire penitence
D'avoir ses offres mesprisez,
Et ses mets friands refusez:
Car voulant auoir cette gloire
Du moins de l'auoir bien fait boire,
Il le plongeoit de temps en temps,
Et mon pauure Cancre dedans.

Lors, mais trop tard, on l'oüit geindre,
Et se lamenter & se plaindre,
Et s'arracher tous les cheueux ,
Et crier & faire des vœux,
Serrant ses pieds contre le ventre
Du faux porteur, qui dans son centre
Le sentant qui seichoit de peur,
En rioit gros dedans son cœur,
Lors le Rat voyant l'eau fenduë
Par sa longue queuë étenduë,
Esperant qu'en neceßité
Elle seroit d'vtilité ,
Pria , du meilleur de son ame,
Les Dieux,   de la changer en rame ;
Pour pouuoir la terre aborder,
Qu'il ne cessoit de regarder.
Puis d'vn ton triste & lamentable;
Hâ! disoit-il, hâ! pauure Diable,
Quelle folle temerité
Pour ta ruine, ta porté
Sur cét element infidelle :
Croyois-tu point , comme la belle
Pour qui Iupin fit le gros veau,
Et qu'il voulut porter sur l'eau,

24

Pour elle espris d'amour extresme,
Que ton Porteur t'aimant de mesme
(Tant il a prosné ta beauté)
Te porteroit en seureté?
Voy, cependant, voy la malice
Qu'il cachoit souz ce bon office:
Mais helas! il n'en est plus temps,
Or ce n'estoit qu'entre ses dents
Qu'il barbotoit cette complainte:
Car Physignate à l'ame feinte,
N'en ouyt pas le moindre bruit,
Sans cela, son fait estoit cuit.
Et tout de bon, par ouy dire,
I'ay sceu qu'il ne vouloit que rire,
Et qu'il ne le faisoit plonger
Qu'aux lieux qui n'auoient nul danger,
Donc apres quelque vaine feinte,
Il luy fit tost passer sa crainte,
Et se remit comme deuant
Sans plonger à vaguer auant,
Portant chez soy son nouuel hoste
Sur son eschine large & haute.
Quand voicy que deuant leurs yeux
Paroist vn serpent furieux.

Fier

Fier en Dragon, diforme en Diable :
Spectacle à tous bien éfroyable ;
Penfans qu'il vint fondre fur eux.

  Vous qui n'eftes point trop peureux
(Dit lors la grenoüille maligne)
Pficarpax, ce rencontre eft digne
De voftre guerriére valeur.
Pour moy, ie n'ay pas tant de cœur,
Et volontiers, de la victoire
Ie vous cede toute la ···re,
Apres ce difcours ie m'en vais
Cacher au fin fond du marais.

  Cela dit, fecoüant fa charge,
Phyfignathe gagne le large ;
Et tafche à la faueur des flots
D'efquiver la fiere Atropos,
Et cela, fans fe peiner guere,
Que deuiendroit le pauure Here,
Qui pourtant fur fa feule foy
Se trouuoit en ce defarroy.

  Le voila dans fon infortune
Abandonné, fans aide aucune,
Le pauure & deplorable Rat
Qui defia dans l'eau fe debat.

Il enfonce teste premiere,
Il perd, le soufle & la lumiere,
Il se demeine pieds & mains,
Il crie, & tous ses cris sont vains.
Tantost au fonds son poids l'emporte,
Tantost il semble qu'il en sorte ;
Il a beau pourtant estriuer,
C'est fait, il ne peut se sauuer ;
Déja son poil comme vne esponge,
Se chargeant d'eau, dans l'eau le plonge.
　Hâ ! dit-il, hâ ! ie suis perdu,
Mais toy traistre qui m'a vendu,
Franc Ganelon, faux Phisignate,
　Que bien-tost sur ton chef esclate,
Pour me vanger le feu des Cieux
Par le iuste arrest des grands Dieux.
Hâ ! poltron, si du moins sur terre
Tu m'eusses pris de bonne guerre,
　A la lutte, course, ou duel,
I'estois bien pour te . . . mais cruel,
De ton dos, par pure malice,
Tu m'as, comme d'vn precipice,
Ietté dans ce traistre élement,
Encore plus traistreusement.

Or cache-toy bien double traistre,
Les Dieux te feront bien paraistre,
Bien-tost leurs yeux t'esclaireront,
Et ta fourbe découuriront,
Pour t'immoler à la vangeance
De tous ceux de mon alliance;
Qui t'apprendront par cent combats,
S'il faut ainsi trahir les Rats
Par vne persidie infame :
Cela dit, voila qu'il rend l'ame.

Cependant, sur le bord du Lac,
Le Rat fameux Lichopinac,
Ayant veu de ce sien semblable,
La catastrophe deplorable,
En ressentit son triste cœur
Outré de rage & de douleur;
Puis courant aux siens, sus aux armes,
Sus, sus, dit-il, au lieu de larmes,
Du sang, du sang pour le trespas
De l'infortuné Psicarpas;
Que la trahison execrable,
D'vne Grenoüille detestable,
A perdu tout presentement
Dedans le liquide élement.

28

Il n'en fallut pas davantage,
Tous les Rats fremirent de rage
A ce pitoyable recit.
Incontinent par vn Edit,
Ils ordonnent sans plus attendre,
Qu'au point du iour on vint se rendre,
Au logis du Pere esploré,
Dont le fils estoit expiré :
Et dont la funeste despoüille
Contre la maudite Grenoüille,
Sembloit du beau milieu des flots,
Flottant tristement sur son dos,
Crier encor prompte vengeance,
Dont tous les Rats, en diligence,
Estans venus de grand matin
Au rendez-vous, d'vn air mutin,
Et qui respiroit le carnage,
Pour venger ce sanglant outrage :
Troxarte, pere infortuné,
De colere tout forcené,
Auec vne voix de tonnerre,
Se mit à leur corner la guerre.
    Enfin, leur dit-il, mes amis,
Voyez-vous l'estat où m'a mis

La perfide bourbeuse Beste :
Autant vous en pend sur la teste,
L'affront vous touche esgalement,
Vengeons-le donc, & promptement.
Helas ! jugez quelle misere
N'est point celle d'vn pauure pere
Qui, comme moy, n'a plus de fils.
Vous m'en auez veu trois iadis,
Les mieux faits de toute la Terre;
Le premier mourut à la guerre,
Pris par vn Chat en trahison.
L'autre perit dans la prison,
Où pour picorer vn fromage,
L'auoit porté son grand courage.
Prison qu'à l'ennuy des Matous,
Les Hommes, pour nous perdre tous,
Font d'vne fabrique nouuelle.
C'est cette cassette infidelle,
Où par quelques friands appas
Ils nous attirent au trespas ;
Et l'appellent vne ratiere,
Mais nous nostre vray cimetiere.
A la fin le cadet des trois,
Ce cher enfant que tant i'aimous,

Tout le soulas de son bon pere,
Et le cœur-gauche de sa mere,
C'est celuy que vient d'estoufer
Ce crapaut des marais d'enfer.
Aux armes donc, sus camarades,
Aux armes, prenez vos salades,
Plastrons, cuirasses & brassars,
Rondaches & lances & dars,
A moy, qui m'aimera, me suiue,
Qu'on batte aux chãps, morbleu qui viue?
Viue, dit-on tout d'vne voix,
Viue Troxarte mille fois ;
Lors dans sa peau chacun enrage,
Ils ne respirent que carnage,
Et Mars leur eschaufant le cœur
De hardiesse & de valeur,
Les voila tous qui s'enharnachent.
   Sous de grandes bottes ils cachent
Leurs jambes tout premierement.
Elles estoient fort proprement,
Faites des cosses qui resterent
Des féves qu'vn soir ils mangerent.
Apres vne assez large peau
D'vn Rat escorché de nouueau,

Leur seruoit de fort bonne grace,
Et de despoüille, & de cuirasse.
En suite ils prennent tous des cus
De vieilles lampes pour escus;
Et tirent du fonds des armoires,
Pour lances, de longues lardoires,
Armes propres à grands exploits.
A la fin, des coques de noix,
Chacun se fait vn pot en teste;
Et voila comme quoy s'apreste,
Au choc ardent & dangereux,
Des Rats l'escadron genereux.
Cependant au fracas qu'ils firent,
D'abord les Grenoüilles sortirent
De tous les coins de leur marais:
Et se mirent toutes apres
A chercher conseil salutaire
En cette tant pressante affaire.
   Durant ce conseil important,
Voicy venir, tambour batant,
Le Roy-d'armes des Rats, au titre
D'Entre-en-marmite, Embassichytre:
De Tyroglyphe fils aisné,
De cotte & caducée orné;

Declarant par mer & par terre,
Aux Grenoüilles tres-aspre guerre.
  De par le Prince & les Estats,
Dit-il, de mes Maistres les Rats,
Ie viens annoncer guerre ouuerte;
A vous Grenoüilles, pour la perte
De Psicarpax, que vostre Roy
Faussant honteusement sa foy,
A fait perir par le naufrage,
Sur ce Lac où son corps surnage.
S'il vous reste encor quelque honneur
Apres ce coup, en gens de cœur,
  Quittez l'eau traistresse, & sur terre
Venez faire vn peu mieux la guerre.
Il dit, & soudain disparut.
La menace des Rats, ferut
Des Grenoüilles l'humeur hautaine.
Physignate leur Capitaine
Vit bien que les siens sourdement
Faisoient tres-mauuais jugement
De son procedé peu fidelle,
D'où venoit toute la querelle.
  Quoy? dit-il, quel est mon mal-heur?
Suis-je donc si perdu d'honneur,

Qu'au

(Maiſtre.

Qu'au lieu d'vn Roy, qu'au lieu d'vn
Vous n'ayez plus qu'vn laſche traiſtre ?
Hâ ! mes compagnons, autrefois
I'auois crû par quelques exploits
D'auoir monſtré que mon courage
Me donnoit aſſez d'avantage,
Sans que jamais, pour mon ſecours,
La fourbe ait eſté mon recours;
Et pourtant ie vois qu'on m'accuſe
D'auoir par vne infame ruſe,
Redoutant vn juſte combat,
Pris avantage ſur vn Rat.
Mais voyez ſurquoy l'on ſe fonde !
Peut-ilpas luy-meſme dans l'onde,
Croyant pouuoir nous imiter,
S'eſtre venu precipiter ?
Sans doute ? & ſa mort ils m'impoſent,
Ces fourbes fieſſez ? mais s'ils l'oſent,
Qu'ils m'attendent; ils ſçauront bien
Quel bras redoutable eſt le mien.
  Pourtant ie croirois, au contraire,
Qu'il ne leur faut point l'honneur faire
De nous meſurer auec eux :
Vous les allez voir bien peneux,

C v

Si vous faites ce que ie pense.
Armons-nous tous en diligence,
Et quand nous serons esquipez,
Gagnons tost ces bors escarpez,
Qui font sur ce Lac non gayable,
Vn precipice inévitable.
Sur ce poste, attendons nos fous,
Essuyons-y leurs premiers coups,
Pour les engager dauantage
A donner jusqu'à ceriuage :
A grand marché nous les saurons ;
Car de-là nous les pousserons
Aisement dans le precipice :
Au diantre l'vn qui n'y perisse.
En vain, tous armez qu'ils seront,
Les chetifs s'y demeneront :
Mais tandis que dans leur naufrage
Ils detesteront leur courage ;
Nous éleuerons sur ces bors
Des despoüilles de ces Rats morts,
Vn trophée à nostre victoire,
Qui nous va tous combler de gloire,
Cela dit, sans plus s'informer,
Il leur commande de s'armer.

D'abord, des maures qu'ils cüillirent,
Housseaux & cuissars ils se firent;
Cottes de Blette, qu'à propos,
Ils appliquerent sur le dos,
Formerent leur cuirasse antique;
Apres pour bouclier magnifique,
Chacun pour se mettre à couuert,
Prit la feüille d'vn beau chou vert.
Vn jonc bien pointu fut leur lance;
Et ce qui plus eut d'apparance,
C'est que tous pour casques & pots,
Prirent des coques d'escargots.
  En ce martial esquipage
Ils couurirent tout le riuage:
Chacun d'eux faisant du lutin,
Morguoit hautement le destin,
Et branloit, d'vne audace fiere,
Le bois de sa lance meurtriere.
  Cependant, le Maistre des Dieux
Voyant ce grabuge des Cieux,
Fit conuoquer en diligence
Les Immortels à l'audience:
Et leur fit tout premierement
Remarquer ce grand armement,

Ces francs Preux, ces hardis Gend'armes,
Prests à faire plus de vacarmes,
Que n'en auoient fait en leur temps
Les Centaures & les Titans.
Puis sousriant : Troupe immortelle,
Leur dit-il, en cette querelle,
A qui prestez-vous vostre bras ?
Est-ce aux Grenoüilles ? est-ce aux Rats ?
Parlez, il n'est qu'vn mot qui serue.
Pour toy, s'adressant à Minerue,
Ma fille, il est bien tout certain
Qu'aux Rats tu vas faire la main :
Ils sont deuots à tes ofices,
Sur tout flairant tes sacrifices ;
Car d'aise on les voit sauteler,
Quand au Temple on vient t'immoler.
    Qui moy ? reprit la sage fille,
Plustost espouser vne grille
Que me declarer pour les Rats,
Ces picoreurs, ces scelerats
Qui rongent toutes mes guirlandes,
Qui me grignotent mes offrandes,
Qui boiuent comme des Templiers
Toute l'huile de mes Lampiers.

De

De plus, ont-ils pas eu la rage
De s'en prendre à mon propre ouurage ?
Et me percer en mille endroits,
Vne escharpe que de mes doigts,
I'auois faite d'vn soin extréme
Tres-delicatement moy-mesme ?
Ce qui me fait plus de despit,
C'est que i'ay tout pris à credit,
Estofe, soye & canetille,
Chez vn Brodeur qui me pointille:
Maintenant pour son payement,
Sans que ie trouue seulement
Pour m'en desfaire, vn pauure double:
Pensez combien cela me trouble?
  Nonobstant, ie ne pretens pas
Pour les Grenouilles faire vn pas,
Ce sont de sottes insolentes,
Et de franches impertinentes,
Au premier combat où ie fus,
Apres mes ennemis vaincus,
Ie reuenois de la meslée
Lasse & de sommeil accablée :
Quand taschant d'vn peu reposer,
Ie vous leur ouys dégoiser

D

38

Le concert le plus délectable,
Qu'avec leur voix abominable,
Choquant leurs chaiſnes & leurs fers,
Les Lutins faſſent aux Enfers.
Ie paſſay donc la nuit entiere
Sans pouuoir clorre la paupicre,
Tournant en ce triſte meſchef
De tous coſtez mon pauùre chef ;
Que cette rare ſerenade
M'auoit mis en capilotade.
A la fin i'ouys à ſon tour
Le coq chanter, & il fut iour :
Laiſſons-les donc battre à leur aiſe
Iuſqu'à ce que leur feu s'apaiſe ;
Du moins c'eſt bien-là mon auis.
Il po'uroit bien arriuer pis
A qui ne voudra pas me croire ;
Gare le jonc & la lardoire,
Ils ſont pointus, ceux d'entre-nous,
Qui voudront ſe fourrer aux coups,
Qu'ils ſe tiennent bien ſur leur garde :
Pas-un d'eux aux yeux ne regarde ;
Et quand ils ſont dans le combat
Ils font tel diable de ſabat,

Qu'vn Dieu mefme, à peine fans crottes
En tireroit-il bien fes bottes.
Qu'ils s'efchignent donc à loifir,
Pour nous, ayons-en le plaifir.
    Ainfi conclud la belle fille :
Mais d'vne grace tant gentille,
Que chacun de fon auis fut,
Et confequemment refolut,
D'aller, comme en place affeurée,
Au grand balcon de l'empirée :
Pour de-là voir battre fes foux,
Et fans peril iuger des coups.
    Or foudain qu'affis ils y furent
Les deux Herauts ils aperceurent,
Qui de leurs deux camps s'auançoient,
Et le grand combat annonçoient.
Puis des couffins la trompe fiere,
Par vne fanfare guerriere,
Par tout l'affaut ayant fonné :
Et Iupiter ayant donné
Pour fignal vn coup de tonnerre,
Voila qu'ils commencent leur guerre.
    Premierement deux refolus,
En tefte des enfans perdus

D ij

Viennent sur la noble carriere,
Tous les premiers rompre en visiere,
Lichenor contre Hypsiboas :
Mais celuy-cy mit l'autre à bas,
Malgré toute sa resistance,
D'vn seul coup de sa forte lance ;
Qui bouclier & plastron perça,
Et roide mort le renuersa,
Traisnant sur la poudre humectée,
Sa belle teste ensanglantée.

Lors Troglodyte se fait fort,
De tost vanger son amy mort :
Contre Peleon il s'auance,
Sa fatale Zagaye il lance,
La luy passe à trauers le corps,
Et le met au nombre des morts :
On void ailleurs dans la meslée,
Embasiguitre auec Seutlée ;
Dont celuy-cy l'autre ferut
Si rudement, qu'il en mourut.
Le cousin du mort, Artophage
Vint pousser auec tant de rage
Contre Poliphone son dard,
Qu'il le perça de part en part,

Et luy fit mordre la pouſſiere.
Limnocharis vint par derriere,
Voyant Poliphone eſtendu,
Et d'vn gros caillou ſuſpendu,
Lourd, peu s'en faut, comme vne meule,
D'Aſtrotogue il vous fend la gueule,
Si bien que depuis, de ſes yeux
Onc le pauuret ne vit les Cieux:
Mais celuy-cy n'eut pas la gloire
De proſner long-temps ſa victoire;
Vn cadet de feu Lichenor,
Armé d'vn trait tout brillant d'or,
Luy perce le flanc, & le tuë.
Crambophage en tremble; & ſe ruë
A corps perdu dans les marais,
Pour s'y ſauuer le pauure: mais
Vn trait vient luy porter dans l'onde
Vne bleſſure ſi profonde,
Que tout ſon ſang il en jetta,
Et tout le Lac enſanglanta.
On vit, las! ſes coſtes fenduës,
Et ſes entrailles reſpanduës,
Sortans de ſon liuide corps,
Qui giſoit ſur ces triſtes bords.

Limnisie en la mesme place,
Sur luy, Tyroglyphe terrasse.
Calaminthie aussi peureux
Que Crambophage, est plus heureux :
Car tout effrayé de la mine
De Pternoglyphe fort mutine ;
Il jette au diantre son escu,
Et tournant lestement le cu,
Il gagne en toute diligence
Dans le Lac, vn lieu d'asseurance.

Les Grenouilles auoient du pis,
Quand l'intrepide Hydrocharis
Vint attaquer d'vn grand courage
Le noble & vaillant Pternophage :
Pternophage qui tenoit rang
Chez les Rate, de Prince du sang ;
Et l'abordant auec adresse,
D'vn quartier de pierre il le blesse
Sur la nuque si rudement,
Que de son nez abondamment,
Il luy fit sortir la cervelle,
Et le sang & l'ame auec elle :
Dont la terre où le coup se fit,
Toute affreusement se teignit.

Tel fut, & ce fut grand dommage,
Le sort du Prince Pternophage.
Lichopinax d'autre costé,
Déterminément aheurté,
A vaincre ou bien mourir, s'acroche
Au franc Cheualier sans reproche,
Borborocete, dont le cœur
N'eut jamais atteinte de peur,
Ny mesme n'eut iamais disgrace :
Quand au deffaut de la cuirasse,
Son ennemy son fer poussa,
Et tout outre le trauersa,
Le coup luy rauit la lumiere,
Et l'estendit sur la poussiere.
Prassiphage son cher amy,
Iura lors, en diable & demy,
De faire aux Rats si bonne guerre,
Qu'il en nettoyeroit la terre.
Voila donc qu'il prend par le pié
Cnisodiocte estropié,
Et vous l'entraisne en la fondriere,
Et l'y plonge, teste premiere ;
Et plus il le voit surnager,
Plus il revient le replonger :

D iiij

Iusqu'à ce qu'en la bourbe infame,
Le chetif Rat eut rendu l'ame.
   Mais que dirons-nous des combas
Du cadet de feu Pſicarpas?
Braue cadet & magnanime,
Que des ſiens la vengeance anime ;
Et qui valeureux comme vn Mars,
Tout à trauers lances & dars,
S'ouure vn grand chemin à la gloire
Par ſa triomphante lardoire.
Voila qu'il la met en arreſt,
Et fond auſſi vîte qu'vn trait
Sur Peloſie qui s'avance
Contre luy pour rompre vne lance.
Dieux ! de quelle ardeur ils y vont !
Moins rudement front contre front,
Deux aſpres taureaux en furie,
Se choquent dans vne prairie.
Mais au joindre, le ſort porta,
Qu'en pieces le jonc eſclata,
Cependant que la lardoire entre
Toute entiere dedans le ventre
De Peloſie, au noble cœur,
Qui tombe aux pieds de ſon vainqueur,

Et

Et dont l'ame sanglante & sombre,
A regret, va croistre le nombre,
Vaincuë, & perdant tout son los,
Des Pâles sujets de Minos.
Voyant ce mal-heur Pelobate,
De rage & de fureur esclate,
Pour du mort l'ombre appaiser,
Veut tout tuër, veut tout raser,
Tout brûler, tout reduire en cendre,
Et le venger, ou s'aller pendre.
Puis de tout, armes se faisant,
Il presse un peloton pesant
Entre ses mains de grasse bouë;
Et vous en enpaume la jouë,
Menton, bouche, nez, sourcils, yeux,
De Psicaapax victorieux:
Qui mal deffendu de son casque,
Reçoit ce sale & puant masque!
Dont tout son groin est barboüillé,
Et l'un de ses yeux esraillé.
En revanche, celuy-cy lance
Une pierre de poids immense,
Qu'il leue à peine à toute main.
De ce coup, le sage vilain

Alloit estre mis en pouſſiere,
S'il n'eut fait vn pas en arriere ;
Tellement qu'il ne luy caſſa
Qu'vn pié, que trop il avança.
Il tomba, pourtant, ſur la poudre ;
Et l'autre l'alloit du tout moudre,
Quand Craugaſide, d'vn fier ton,
A moy, dit-il, à moy, poltron,
Qui n'oſerois, ſans avantage,
T'en prendre aux guerriers de courage ;
A nous deux, laiſſe ce bleſſé.
Cela dit, à jonc abaiſſé,
Contre Pſicarpax il s'avance
Avant qu'il pût eſtre en deffenſe ;
Et malgré ſa haute vertu,
D'vn coup de jonc fort & pointu,
A trauers le corps il le perce,
Pſicarpax tombe mort, & verſe
Ses inteſtins ſur le paué,
De ſon beau ſang tout abbreuué.
  ô Dieux ! voyez combien eſt vaine
Toute cette gloire mondaine !
Braues, ce Rat auoit veſcu
Toûjours vainqueur, & meurt vaincu.

Sitophage, en cette science,
Instruit par son experience,
(Car pour trop d'honneur pretendu,
Le pied droit il auoit perdu :)
A ses despens se rendant sage,
De l'autre il fit meilleur vsage,
A cloche-pié, trés-prudemment,
Il gagne vn bon retranchement,
Loin de l'escarmouche effroyable :
Bien que sa blessure incurable
Le fit grimasser de douleur ;
Mais crainte de pis il prit cœur,
Et fuyant la gent carnaciere,
S'àlla tapir dans vne orniere.

D'autre-part, Troxarte enragé
De n'auoir point encor vengé
Sur Phisignate le perfide,
De son fils, le noir homicide :
L'ayant par tout, en vain, cherché,
Le trouue, enfin, bien empesché
A tirer pour son aduantage,
Ses ennemis vers son riuage,
Suiuant son conseil projetté,
Quoy que trés-mal executé.

48

Il approche donc, & le presse,
Et l'enfonce, & d'abord le blesse
D'vne atteinte sur le genou :
Mais celuy-cy se trouua sou
De faire si long-temps la guerre.
Voulant doncques, quitter la terre,
Voila que tout estropié,
Comme il peut, il gagne du pié,
Et se retire de la presse ;
Et clochant, & boitant sans cesse,
Ainsi qu'il tiroit au marais,
Troxarte luy courut apres,
Et de cent coups de sa lardoire
Le troüa comme vne escumoire.
Lors ce Roy qu'il sacrifia,
L'ombre de son fils expia ;
Qui de l'Auerne toute auide,
Vint boire ce sang homicide.
A la fin, pour dernier effort,
Voulant vanger son Prince mort,
Prassée auec quelques gensdarmes,
Pensoit encor faire vacarmes,
Respandant de joncs & de dards
Graisse espaisse de toutes parts.

Mais

Mais dards & joncs qui reboucherent,
Iamais Troxarte ne toucherent ;
Qui vit ce jour, vangeant son fils,
Tous ses ennemis déconfis,
  Or parmy ceux dont le courage
Chez les Rats parut dauantage
En cette grande occasion,
Fut vn jeune & preux champion,
Aimable fils d'vn pere aimable,
D'Artepibule irreprochable :
A l'air, au port, aux fiers regards,
Et bref, en tout, vn autre Mars,
Qui dês qu'il en falut découdre,
Auoit esclaté comme vn foudre ;
Meridarpax il s'appelloit,
Et par tout sa gloire voloit.
Or non content, cette journée
D'auoir sa teste couronnée
De cent memorables lauriers,
Encor sur tous autres guerriers,
Paroissant auec avantage,
Tenoit-il bon vers le riuage,
Voulant, sans nul quartier donner,
Les Grenoüilles exterminer ;

E.

50

Et certes, il eut bien pû le faire,
Car dés qu'il entroit en colere,
C'estoit vn tres-rude joüeur.
    Mais pour arrester sa fureur,
Le Roy de la troupe Celeste,
Touché de la perte funeste
Des Grenoüilles, fit le holâ.
Son chef venerable il branla,
Dont tremblerent tous les deux Poles;
Puis, il prononça ces paroles.
    Quoy? verrez-vous, vous autres Dieux,
Ce Rat, ce jeune audacieux,
Qui s'en va destruire vne race,
Laquelle vous a fait la grace,
A la déroute des Titans,
De vous cacher dans ses estangs;
Sans prendre, par reconnoissance,
Quelque interest à sa deffense?
    Voyez vn peu comme ils y vont?
Sur tout le petit Rodomont,
Ce Meridarpax; de ma vie
Ie n'eus, de rire, moins d'enuie;
Ie meure, j'en suis tout surpris,
Il va tout gaster s'il n'est pris.

Pallas & Mars Dieux des allarmes,
Faites luy mettre bas les armes;
Prenez-le moy tost ce fougueux;
Vous estes bien armez tous deux,
Que craignez-vous? A ces paroles
Mars respond, pliant les espaules:
Grand Iupiter excusez-nous,
Pallas & moy serions bien fous
De nous engager sans escorte,
Entre guerriers de cette sorte,
Mandez auec nous tous les Dieux;
Ou bien plustost, lancez des Cieux
Ce mesme effroyable tonnerre
Qui, jadis, termina la guerre,
Des fiers Titans qu'il escrasa,
Et le Mont Gibel embrasa
Sur Encelade ce faux traistre,
Et tous Geans fit disparoistre;
L'entreprise est digne de vous.
Alors Iupiter, en courroux,
A ces mots, se laissant resoudre,
Empoigne vne flambante foudre;
Puis tonnant, fait crouller les Cieux,
Et pâlir mesme tous les Dieux.

52

Le carreau de sa main fumante.
Part & tranche la nuë ardante,
Et tombe, & par tout auec soy
Porte la terreur & l'effroy.
Au coup, les deux camps s'ébranlerent,
Les plus intrepides tremblerent,
Et ne fut Grenoüille, ny Rat,
Que ce fracas n'espouuentât.
   Mais malgré toute la furie
De la Celeste artillerie,
Toûjours les Rats plus acharnez,
Et toûjours à vaincre obstinez,
Vouloient, sans resource, desfaire
Iusqu'à leur dernier Aversaire:
Et reuenoient plus asprement
Au combat qu'au commencement.
Quand, enfin, pour dernier remede,
Iupiter enuoye à leur aide,
(Voyant que son foudre fumant
N'auoit fait que bruit seulement;
Et tempestant, qu'il n'alloit faire
Au plus, que de l'eau toute claire)
A l'aide, dis-je, des fuyars,
Qu'on m'asseuroit de toutes parts;

Il fait prroistre vne cohorte.
De Guerriers d'vne estrange sorte.
Iamais secours n'auoit paru
En bataille plus impreueu.
 Tous soldats de mauuaise mine,
Armez d'enclumes sur l'eschine,
Montroient ongles crochus & longs;
Et ne marchoient qu'à reculons,
Ou de trauers, d'vn air farouche.
On voyoit sortir de leur bouche
Fourchesieres au lieu de dents,
Tant au dehors, comme au dedans,
Ce n'estoient qu'os invulnerables,
Ou qu'escailles impenetrables;
 Qui sur leurs dos demesurez,
Brilloient comme harnois dorez;
Tous difformes, la teste dure:
Mais que dis-je? contre nature,
Chacun de ces Monstres affreux,
Au lieu d'vn chef, en auoit deux,
Dont la gueule, en pince formée,
Mordoit tout, de tout affamée.
Ils n'auoient point, comme le sont
Les autres, les yeux sous le front:

Ils leur sortoient de la poitrine,
Ils lorgnoient tout à la mutine,
Et sur tous ceux qu'ils regardoient,
La crainte & la peur ils dardoient.
On voyoit huit iambes tortuës
A leur ventre escaillé penduës,
Qu'alors alternatiuement
Ils leuoient tous fort grauement,
Pour démarcher de bonne grace.
En vn mot, c'estoit vne race
De Diables, en fait de valeur :
Iamais en guerre ils n'eurent peur
Ny de forces, ni d'artifices,
Et s'appelloient des Escreuisses.
Leur abord rendit estonnez
Les Rats les plus déterminez.
Meridarpax, mesme, en son ame
Et s'en apperçoit, & s'en blâme :
Mais sa peur, son courage accrût ;
Car ne pouuant souffrir qu'on crût
Qu'il eut craint en cette rencontre,
En teste des siens il se montre,
Sur la nouuelle troupe il court
Lance en arrest ; mais il est court.

La lance n'ouurant point de voye,
Sur l'escaille rebouche & ploye,
Et quelque fort qu'en soit le choc,
Elle y fait moins que contre vn roc.
　Ceux-ci, de leurs pinces meurtrieres,
Taillent cependant des croupieres
Aux plus mutins d'entre les Rats,
Leur coupant la queüe toute ras,
Et pattes & jambes, & cuisses.
　Lors connoissant bien qu'Escreuisses
Et Raines n'estoient pas tout vn,
Les Rats d'vn sentiment commun,
La retraite prompte sonnerent,
Et leurs lardoires rengaignerent.
Comme eux Apollon tout à temps
Rengaîna ses rays esclatans.
Ainsi cette guerre obstinée
En vn seul iour fut terminée

FIN.

INTERPRETATION
des Noms des Rats.

Artepibule,
guefte-pain.

Artophage,
mange-pain.

Artotrogue,
ronge-pain.

Embafichytre,
entr' en-marmite.

Cnifodiocte,
qui fuit l'odeur de la cuizine.

Lichenor,
leche-marmite.

Lichopinax,
leche-plat.

Me-

Meridarpax,
tire-piece.
Pternoglyphe,
creuse-jambon.
Pternotrocte,
ronge-lard,
Pternophage,
mange-lard.
Sitophage,
broute-blé.
Psicarpax,
fripe-miette.
Troxarte,
ronge-pain.
Tyroglyphe.
creuze-fromage.
Troglodyte.
cherche-pertuis.

INTERPRETATION
des Noms des Grenoüilles.

Borborocœte,
couche-en-boüe.

Calaminthie,
qui vit dans les roseaux.

Crambophage,
broute-chaux.

Craugaside,
égueulé.

Lymnisie,
bourbeux.

Limnocharis,
qui aime le marais.

Pelée,
qui est dans la boüe.

Pelobate,

qui marche dans la boüe.

Pelosie & Peleon,

le mesme.

Poliphone,

grand-goZier.

Prasfée & Prassophage

broute-poireaux.

Physinathe,

qui a les joües enflées.

Seutlæe,

broute-blette.

Hydrocharis,

aime-l'eau.

Hydromeduse,

qui regne dans les eaux.

Hypsiboas,

grand-gueule.